VENTE

Du 21 Février 1903

Hotel Drouot, Salle N° 8

à deux heures.

ESTAMPES ANCIENNES

Œuvres de

BÉHAM, ALDEGREVER, PENCZ

LUCAS de LEYDE

COMMISSAIRE-PRISEUR

M. G. DESAUBLIAUX

12, rue de Seine

EXPERT

M. G. RAPILLY

9, Quai Malaquais.

Gazette
des Beaux-Arts
8, rue Favart

CATALOGUE
D'ESTAMPES
ANCIENNES

Œuvres de BÉHAM, ALDEGREVER, PENCZ,

LUCAS DE LEYDE

provenant de la

Collection d'un Amateur Étranger

Dont la vente aura lieu à Paris

HOTEL DROUOT, Salle N° 8

Le Samedi 21 Février 1903, à 2 h. précises

Par le Ministère de Me G. DESAUBLIAUX, Commissaire-Priseur

12, Rue de Seine

Assisté de M. Georges RAPILLY, Marchand d'Estampes

de la Bibliothèque Nationale, 9, Quai Malaquais.

CONDITIONS DE LA VENTE

Elle sera faite au comptant.

Les acquéreurs paieront *dix pour cent* en sus des prix d'adjudication.

M. G. RAPILLY remplira les commissions que voudront bien lui confier les amateurs ne pouvant y assister ; il se réserve, en outre, la faculté de diviser ou de rassembler les lots.

MM. les amateurs pourront visiter la collection, *Quai Malaquais, 9, du Lundi 16 au Vendredi 20 Février*, de 10 heures à 5 heures.

DÉSIGNATION

Aldegrever (Henri)

1. — Adam et Eve (B. 11 et 12). — Loth et ses filles, 1530 (B. 13). Ensemble trois pièces.

2. — L'Histoire de Loth, 1555. Suite de quatre estampes. (B. 14 à 17).
Belles épreuves.

3. — L'Histoire de Joseph, 1528-1532. Suite de quatre estampes (B. 18 à 21).
Très belles épreuves.

4. — L'Histoire d'Ammon et de Thamar, 1530-1540. Suite de sept estampes (B. 22 à 28).
Bonnes épreuves ; la dernière est une copie.

5. — Le Jugement de Salomon, 1555. (B. 29).
Belle épreuve.

6. — Histoire de Suzanne, 1555. Suite de quatre estampes. (B. 30 à 33).
Bonnes épreuves ; la deuxième un peu rognée sur le côté gauche.

Aldegrever (Henri)

7. — Judith, 1528, (B. 34).
Belle épreuve.

8. — Bethsabée au bain, 1532. (B. 37).
Belle épreuve.

9. — La Nativité, 1553. (B. 39).
Belle épreuve.

10. — La Vierge assise sur un banc de gazon, 1553. (B. 52).
Très belle épreuve.

11. — Sophonisbe, 1553. (B. 62). — Médée et Jason, 1529, (B. 65). — Ensemble deux pièces.
Belles épreuves.

12. — Rhéa Sylvia. (B. 66).
Belle épreuve.

13. — Mutius Scévola devant Porsenna, 1530. (B. 69).
Belle épreuve.

14. — Titus Manlius faisant couper la tête à son propre fils, 1553. (B. 72). — Le Père sévère, 1553. (B. 73). Ensemble deux pièces.
Belles épreuves.

15. — Les Travaux d'Hercule, 1550. Suite de treize estampes. (B. 83 à 95).
Belles épreuves.

16. — Le Jugement de Paris, 1538 (B. 98). — Paris, Vénus et l'Amour, 1551. (B. 99). Ensemble deux pièces.
Bonnes épreuves.

17. — Thisbé. (B. 101). Pièce de forme ronde.
Belle épreuve.

18. — Les Vertus et les Vices qui leur sont opposés, 1552. Suite de quatorze estampes (B. 117 à 130).

19. — L'Intempérance, 1528. (B. 132). — La Force, 1528. (B. 133). Ensemble deux pièces.

20. — La Fortune, 1555. (B. 143).
Belle épreuve.

Aldegrever (Henri)

21. — Les deux amants, 1529. (B. 173). Pièce de forme ronde.
Belle épreuve d'une pièce rare.

22. — Portrait de Henri Aldegrever à l'âge de 28 ans, 1530. (B. 188).
Belle épreuve.

23. — Vignette où l'on a représenté un Triton portant deux Néréides. (B. 201).
Bonne épreuve.

24. — Dessin de gaine dont la partie supérieure représente un jeune homme accompagnant une dame qu'il mène par la main, 1532. (B. 247).
Très belle épreuve ; la partie inférieure manque.

Altdorfer (Albert)

25. — Le Sacrifice d'Abraham (B. 41) — Jahel et Sisara (B. 43) — La Vierge debout dans une église (B. 48) — Saint-Christophe (B. 54), 4 pièces gravées sur bois.

Barthel Schon ?

26. — Les armoiries des Rohrbach et Holzhausen (Pass. 40).
Belle épreuve du second tirage.

Beham (Barthélemy)

27. — Cléopâtre, 1524 (B. 12).
Bonne épreuve un peu tachée.

28. — L'Avare (B. 38).
Belle épreuve.

29. — La Mère et les deux enfants (B. 40).
Bonne épreuve.

Beham (Hans Sebald)

30 — Adam et Eve assis, 1519. Deux pièces (B. 1 et 2).
Très belles épreuves.

31. — Eve debout, 1523. (B. 4).
Belle épreuve. On y a joint la copie en contre partie gravée par Jacques Binck.

32. — Adam et Eve, 1529 (B. App. 1).
Belle épreuve.

33. — Adam et Eve chassés du Paradis, 1543. (B. 7).
Belle épreuve,

34. -- Judith. (B. 10 et 11). Deux pièces.
Belles épreuves.

35. — Judith assise sous une arcade, 1547. (B. 12).
Très belle épreuve.

36. — Le Chaste Joseph, 1544. (B. 14).
Belle épreuve.

37. — Job s'entretenant avec ses amis 1547 (B. 16).
Très belle épreuve.

38. — La Vierge immaculée, 1520. (B. 17).
Belle épreuve d'une pièce rare.

39. — Les Noces de Cana (B. 23). — Jésus-Christ et la Samaritaine (B. 24). Deux petites pièces.
Belles épreuves légèrement rognées.

40. — L'Homme de Douleurs debout au pied de la Croix, 1520. (B. 26). — Le Sauveur debout sur le globe du monde, 1546. (B. 30). Deux pièces.
Très belles épreuves.

41. — La Parabole de l'Enfant prodigue. Suite de quatre estampes. (B. 30 à 34).
Belles épreuves. La seconde est une copie.

42. — L'Enfant prodigue gardant les pourceaux, 1538. (B. 35).
Bonne épreuve avec une petite marge.

43. — Cimon nourri par sa fille, 1544. Deux pièces différentes. (B. 74 et 75).
Très belles épreuves. La seconde est avant l'inscription sur la colonne.

Beham (Hans Sebald)

44. — Cléopâtre debout, en prison, se faisant piquer par un aspic, 1529. (B. 76). — Lucrèce, debout, s'enfonçant un poignard dans le sein. (B. 79). Deux pièces.
Belles épreuves.

45. — L'Empereur Trajan promet son fils à une femme dont il a tué l'enfant, 1537. (B. 82).
Très belle épreuve.

46. — Le Jugement de Paris, 1546. (B. 89). — Vénus et l'Amour. (B. 91). Deux petites pièces.
Très belles épreuves.

47. — Les Travaux d'Hercule. Suite de douze estampes. (B. 96 à 107).
Belles épreuves.

48. — Jupiter et Léda, 1548. (B. 112).
Belle épreuve.

49. — Les Sept Planètes. Suite de huit estampes y compris le titre. (B. 113 à 120).

50. — La Connaissance de Dieu et les sept vertus chrétiennes représentées par des femmes ailées. Suite de huit estampes. (B. 129 à 136).
Belles épreuves.

51. — La Charité. (B. 137). Deux épreuves. — La Patience, 1540 (B. 138). Ensemble trois pièces.

52. — La bonne Fortune, 1541. (B. 140). — La Fortune contraire. (B. 141). Deux pièces.
Belles épreuves.

53. — La Mélancolie, 1539. (B. 144). — L'Impossible. (B. 145). — Deux pièces.
Très belles épreuves.

54. — La jeune femme et la Mort, 1541. (B. 149).
Belle épreuve.

55. — La Mort se saisissant d'une Femme nue et debout, 1546. (B. 150).
Belle épreuve. On y a joint la copie en contre-partie.

Beham (Hans Sebald)

56. — Les Noces de village représentées par des couples de paysans, 1546. Suite de dix estampes (B. 154 à 163). — Le Banquet. (B. 164). — Des paysans qui se battent. (B. 165). — Ensemble douze pièces.

57. — Le Paysan et la Paysanne au marché. (B. 186 et 187). — Le Paysan à la fourche et son compagnon. 1542. (B. 188 et 189). Ensemble quatre petites pièces.
Belles épreuves.

58. — Le vendeur d'œufs, 1520. (B. 193).
Très belle épreuve.

59. — Les trois soldats et le chien (B. 196). — La Sentinelle auprès des tonneaux (B. 197). — Deux petites pièces.

60. — L'Enseigne, le tambour et le fifre, 1543, (B. 198). — Le Porte-enseigne et le tambour, 1544, (B. 199). — Le Porte-enseigne, 1526. (B. 200). — Ensemble trois pièces.

61. — Le Soldat amoureux, 1521. (B. 202).
Belle épreuve d'une pièce rare.

62. — Le Bouffon et les deux couples d'amoureux, 1535. (B. 212). — Le Bouffon et les baigneuses, 1541. (B. 214). — Ensemble deux pièces.
Belles épreuves, la première avec marges.

63. — La Femme couchée, vue de dos. (B. 215). — Le Berger, 1525. (B. 216). — Ensemble deux pièces.
Très belles épreuves.

64. — Vignette au mascaron, 1544. (B. 228). — Le petit bouffon, 1542. (B. 230). — Le mascaron, 1543 (B. 231). Ensemble trois pièces.
Belles épreuves.

65. — Vase orné d'enfants, 1531. (B. 242). — Les armoiries de Sebald Beham, 1534. (B. 254). Planche de forme hexagone. Ensemble deux pièces.
Belles épreuves d'estampes rares.

Beham (Hans Sebald)

66. — Les Armoiries au coq, 1543. (B. 256). — Les Armoiries à l'aigle, 1543. (B. 257). — Ensemble deux pièces.
Très belles épreuves.

67. — Deux Génies tenant des écussons d'armes, 1535. (B. 258 et 259). Ensemble deux pièces.
Belles épreuves.

68. — La Vierge assise sous une tente (B. 121). — Sainte Famille sous un arbre. (B. 123). — Jeune homme et jeune femme assis près d'une treille (B. 161). Trois pièces gravées sur bois.

Berger

69. — Marie Antonie Konigin von Frankreich, in-12 ovale.
Belle épreuve en bistre.

Bink (Jacques)

70. — La vierge assise sur un banc de gazon (B. 19).
Belle épreuve.

Burgmair (Hans)

71. — Vénus et Mercure (B. 1) Pièce gravée à l'eau-forte.

72. — Portraits de Maximilien Ier, Albert II, empereurs d'Allemagne et de Philippe Ier roi d'Espagne, 3 pièces gravées sur bois.
Belles épreuves avec texte manuscrit.

Callot (Jacques)

73. — Parterre ou Jardin de Nancy (M. 622) — Les deux grandes vues de Paris (M. 713-714) 3 pièces.

Cranach (Lucas)

74. — Adam et Eve dans le paradis (B. 1) — Jésus-Christ descendu de la croix (B. 12) ; ensemble deux pièces gravées sur bois.
Belles épreuves.

75. — Les martyrs des douze apôtres, 1548. Suite de douze pièces gravées sur bois (B. 37-48).
Sept de ces pièces sont avant le texte au verso.

76. — Saint-Antoine transporté en l'air par les démons, 1506 (B. 56) — Saint Jean prêchant dans le désert, 1516 (B. 60) — Saint Jérôme exerçant la pénitence dans le désert 1509 (B. 63) 3 pièces gravées sur bois.

77. — Le jugement de Pâris, 1508 (B. 114) — Portrait de Jean Frédéric Ier électeur de Saxe (B. 130) — Philippe Mélanchton, en pied 1561 (B. 153) trois pièces gravées sur bois,
Belles épreuves, la 2e avec texte au verso.

Delaune (Etienne)

78. — Les trois Grâces, d'après l'antique (R. D. 296) copie de l'estampe gravée par Marc Antoine.

Dürer (Albert)

79. — Sainte Famille — Christ en croix. — Le martyre de sainte Catherine — Jésus apparaissant à Magdeleine. — Portrait de Charles V, etc., 6 pièces gravées sur bois.

Ecole Française

80. — Sujets mythologiques, scènes de mœurs, sujets religieux, ornements etc., 9 pièces par V. Le Febre, Reni Boyvin, Gaspard Isaac, Callot, Le Bas, Le Pautre.

Ecole Italienne

81. — Sujets religieux, sujets mythologiques, paysages, vues de Venise etc., 16 pièces gravées par Guido René, Carrache, Aug. Vénitien, Picini, Canaletti, etc.

Ecole allemande

82. — Paysages gravés à l'eau forte, allégories, sujets divers, 16 pièces gravées par Dietrich, P. von Bemmel, Isaac Major, Erhardt, Schutz, Corn, Bos, etc.

Ecoles Flamande et Hollandaise

83. — Paysages, scènes de mœurs, costumes, sujets religieux et mythologiques 16 p. par ou d'après Téniers. Waterloo, Bolsvert, Wierix, J. van de Velde, Sanredam, etc.

Goltzius (Henri)

84. — L'adoration des mages. — La tentation de Saint-Antoine — Judith — Costumes militaires, etc., ensemble huit pièces gravées sur cuivre.

85. — Hélius environné du feu du Soleil (B. 234) — Galathée sur un char traîné par des dauphins (B. 235) — Un magicien (B. 238) — Vieillard et jeune femme — Paysages ; ensemble 6 pièces clairs-obscurs de trois couleurs.

Gravures sur bois

86. — Jésus-Christ en croix, entouré d'une gloire de saints. Dans le bas, des anges sortent deux hommes de l'enfer, in-12,
Belle épreuve tirée sur parchemin et coloriée.

87. — Adam et Eve dans le Paradis, par J. Amman — Homme armé de toutes pièces, par Erhard Schoen — Jésus-Christ dans sa gloire, par un anonyme, 1562, ensemble 3 pièces.

Gravures sur bois

88. — Gravures sur bois de l'école Allemande du XVIe siècle par ou d'après Albert Dürer, J. Amman, Ostendorfer, Hans Scheufelein, etc., 28 pièces.
Belles épreuves tirées hors texte.

89. — Gravures sur bois extraites d'une édition allemande de la vie des Saints, environ 75 pièces.
Epreuves coloriées.

90. — Gravures sur bois de l'Ecole Allemande extraites d'ouvrages des XVe et XVIe siècles, environ 120 pièces par ou d'après Hans Schaeuflein, Hans Baldung Grün, Anton von Worms et autres.

Hollar (Wenzel)

91. — La Publication de la paix entre l'Espagne et la Hollande devant l'Hôtel de Ville d'Anvers, 1648 — Portrait du père d'Albert Dürer — Costumes de femmes, etc., 11 pièces.

Hopfer (Les)

92. — Jésus-Christ en croix. — Jésus-Christ dans sa gloire - Saint-Hubert, d'après Dürer. — Une sainte assise sur un trône. — Hieronimo, neveu du pape Pie III. — Wolfgang Juriger; ensemble 6 pièces.

Jode (Gérard de)

93. — L'Histoire de Tobie, suite de six pièces d'après H. Bol.
Belles épreuves.

Krug (Louis)

94. — L'adoration des rois, 1516. (B. 2).
Très belle épreuve.

Ladenspelder d'Essen (J.)

95. — Christ en croix. Un homme et une femme sont agenouillés au pied de la croix. Dans le lointain une ville au bord d'une rivière, 1546, in-12.
Belle épreuve d'une estampe non citée par Passavant.

Lautensack et Hirschvogel

96. — Paysages gravés à l'eau-forte, sept pièces.
Belles épreuves.

Le Mire (Noël)

97. — Les trois grâces — Vénus, Bacchus et l'Amour, 2 vignettes d'après Gravelot pour l'Anthologie Française.
Très belles épreuves avant la lettre à toute marges. On y a joint une autre vignette du même graveur.

Leyde (Lucas de)

98. — Création d'Eve, 1529. (B. 1). — Le Péché d'Adam et Eve, 1519 (B. 8). — Le Péché d'Adam et Eve, 1529 (B. 9). — Ensemble trois pièces.
Belles épreuves.

99. — Loth enivré par ses deux filles, 1530. (B. 16).
Belle épreuve.

100. — Abraham renvoyant Agar, 1516. (B. 18).
Très belle épreuve.

101. — Joseph en prison explique les songes de deux officiers du roi, prisonniers comme lui (B. 22). — Joseph interprête les songes de Pharaon. (B. 23). — Ensemble deux pièces.
Très belles épreuves.

102. — Dalila coupant les cheveux de Samson. (B. 25).
Belle épreuve,

103. — Salomon adorant les idoles, 1514. (B. 30).
Belle épreuve.

Leyde (Lucas de)

104. — L'Annonciation, (B. 35). — La Visitation. (B. 36). Ensemble deux pièces.
Belles épreuves.

105. — Le Baptême de Jésus-Christ. (B. 40).
Belle épreuve.

106. — Jésus-Christ tenté par le démon, 1518. (B. 41).
Très belle épreuve.

107. — La Résurrection de Lazare. (B. 42).
Très belle épreuve.

108. — Le Couronnement d'épines, 1519. (B. 69). — Jésus portant sa croix, 1515. (B. 72). Ensemble deux pièces.
Belles épreuves.

109. — Le Calvaire, 1517. (B. 74).
Bonne épreuve d'une des pièces les plus parfaites de l'Œuvre de Lucas de Leyde.

110. — Jésus-Christ apparaissant à Sainte Madeleine sous la figure d'un jardinier, 1519. (B. 77).
Belle épreuve.

111. — Le Retour de l'Enfant prodigue. (B. 78).
Belle épreuve d'une charmante pièce.

112. — La Vierge avec l'Enfant Jésus et sainte Anne, 1516. (B. 79). — La Sainte Vierge debout sur un croissant dans une Gloire. (B. 80). Ensemble deux pièces.
Belles épreuves.

113. — La Vierge debout sur un croissant dans une Gloire, 1523. (B. 82). — Saint Pierre et saint Paul tenant le Suaire, 1517. (B. 105). — Saint Christophe. (B. 109). Copie. — Ensemble trois pièces.
Belles épreuves.

114. — Saint Jérôme à genoux devant un crucifix suspendu à une branche d'arbre, 1516. (B. 113). — Saint Jérôme assis à terre, il montre de la main droite une tête de mort, 1521. (B. 114). Ensemble deux pièces.
Belles épreuves.

Leyde (Lucas de)

115. — Tentation de Saint Antoine, 1509. (B. 117).
Bonne épreuve d'une pièce très remarquable.

116. — Saint Gérard Sagredius, évêque et martyr, ou Saint Augustin. (B. 119).
Très belle épreuve.

117. — Sainte Marie Madeleine se livrant aux plaisirs du monde, 1519. (B. 122).
Bonne épreuve d'une des pièces les plus estimées de l'Œuvre de Lucas de Leyde.

118. — Sainte Madeleine dans le désert. (B. 123). — Sainte Catherine, 1520. (B. 125). — Ensemble deux pièces.
Belles épreuves.

119. — La Charité. (B. 129). — La Justice. (B. 131). — La Force. (B. 132). — La Tempérance. (B. 133). — Ensemble quatre pièces de la suite des sept vertus.
Belles épreuves.

120. — Lucrèce. (B. 134). — Pyrame et Thisbé, 1514. (B. 135). — Ensemble deux pièces.
Bonnes épreuves.

121. — Pyrame et Thisbé, 1514. (B. 135).
Très belle épreuve.

122. — Mars et Vénus, 1530. (B. 137).
Belle épreuve.

123. — Vénus et l'Amour, 1528. (B. 138).
Belle épreuve.

124. — Les Gueux, (B. 143). — La Promenade, 1520. (B. 144). Ensemble deux pièces.
Belles épreuves.

125. — La Dame au bois. (B. 146).
Belle épreuve d'une très jolie pièce.

126. — Un homme et une femme assis dans la campagne, 1520. (B. 148). — La Femme et le chien, 1510. (B. 154). — l'Opérateur, 1523. (B. 157). Ensemble trois pièces.
Belles épreuves.

Leyde (Lucas de)

127. — La Laitière, 1510. (B. 158).
Belle épreuve d'une des meilleures pièces du maître.

128. — Composition d'ornements, 1528. (B. 162). — Les enfants guerriers, 1527. (B. 165). — Un écusson vide tenu par deux enfants. (B. 166). Ensemble trois pièces.
Belles épreuves.

129. — Un Ecusson rempli par un mascaron, 1527. (B. 167). — Les Armes de la ville de Leyde au milieu de quatre ronds. (B. 168). — Deux ronds dans chacun desquels est un amour, 1517. (B. 171). Deux épreuves. Ensemble quatre pièces.
Belles épreuves.

130. — Portrait d'un jeune homme (Lucas de Leyde). (B. 174).
Très belle épreuve.

Maître au Dé

131. — L'envie chassée du temple des Muses,d'après B. Peruzzi. (B. 17).
Belle épreuve avec l'adresse de Lafreri. La marge du bas a été coupée.

Mantegna (Andrea)

132. — Les éléphants portant des torches (B. 12).
Belle épreuve. Elle est un peu rognée à droite et à gauche.

Martin Schongauer

133. — L'homme de douleurs entre la Vierge et St-Jean (B. 69).
Bonne épreuve du 2e état.

134. — La seconde vierge sage (B. 78).
Belle épreuve.

Mecken (Israël van)

135. — La Prise de Jésus-Christ (2e sujet de la Passion) (B. 11).
Belle épreuve d'une pièce rare.

Muller (Jean)

136. — Jean Beuckels, connu sous le nom de Jean de Leyden, roi des anabaptistes à Munster. (B. 24). Copie en contre-partie de l'estampe de H. Aldegrever.

137. — Bernard Knipperdolling, chef des anabaptistes de Munster. (B. 25). Copie en contre-partie de l'estampe de H. Aldegrever.
Belle épreuve.

Ostade (Adr. van)

138. — Le violon et le petit veilleur (B. 45). — La famille (B. 46) — La danse au cabaret (B. 49) — Le goûter (B. 50), 4 pièces.

Pencz (George)

139. — Histoire d'Abraham. Suite de cinq pièces. (B. 1 à 5).
Belles épreuves.

140. — Job, (B. 7). — Esther devant Assuérus. (B. 8).
Belles épreuves.

141. — L'Histoire de Joseph. Suite de quatre estampes. (B. 9 à 12).

142. — L'Histoire de Tobie. Suite de sept estampes. (B. 13 à 19),
Belles épreuves.

143. — La Parabole du mauvais riche. Suite de trois estampes. (B. 65 à 67).

144. — Le bon Samaritain, 1543. (B. 68). — La Conversion de Saint Paul, 1543. (B. 69). Ensemble deux pièces.

Pencz (George)

145. — Quatre sujets de la Fable. Suite de quatre estampes (B. 70 à 73).
Belles épreuves.

146. — Les quatre sujets de l'histoire romaine. Suite de quatre estampes en hauteur. (B. 74 à 77).
Belles épreuves.

147. — Les Quatre sujets de l'histoire romaine. Suite de quatre estampes en largeur. (B. 78 à 81).
Belles épreuves.

148. — Sophonisbe prenant le poison que lui envoie Massinissa, son époux. (B. 82). — Artémise faisant mettre dans sa boisson les cendres de son mari. (B. 83). — Ensemble deux pièces.
Très belles épreuves.

149. — Virginius tuant sa fille en présence du décemvir Appius Claudius. (B. 84). — Didon s'enfonçant un poignard dans le sein. — Ensemble deux pièces.
Très belles épreuves.

150. — Deux sujets d'un conte d'Albert d'Eyb : Le poète Virgile exposé dans un panier. (B. 87). — La Courtisane exposée sur une place publique. (B. 88).
Ensemble deux pièces.
Très belles épreuves.

151. — Le jugement de Pâris. (B. 89).
Belle épreuve.

152. — Thétis recommandant à Chiron l'éducation d'Achille, 1543. (B. 90).
Belle épreuve.

153. — Diane et ses nymphes surprises au bain par Actéon. (B. 91).
Superbe épreuve.

154. — Triton enlevant Amymone, (B. 93).
Belle épreuve.

155. — La rivière passée à gué, (B. 94).
Belle épreuve.

Pencz (George)

156. — Les sept péchés mortels. Suite de sept estampes. (B. 98 à 104).
Belles épreuves.

Portraits

157. — Portraits du XVIe siècle : Luther, l'empereur Maximilien, H. Pfalcz, Ulrich Zwingli, Alb. Meyer, etc., 8 pièces gravées sur bois ou sur cuivre, par Lucas Cranach, Virgile Solis, P. Aubry, etc.
Belles épreuves, plusieurs avec texte au verso.

Rembrandt

158. — La négresse couchée. (B. 205).
Bonne épreuve du 3e état.

Rota (Martin)

159. — Le Jugement dernier, d'après Michel-Ange, 1560.

Ruysdael (J.)

160. — Le Petit Pont. (B. 1).
Belle épreuve.

161. — Les deux paysans et leur chien (B. 2).
Belle épreuve.

162. — La chaumière au haut de la colline (B. 3).
Belle épreuve.

Solis (Virgile)

163. — Portrait de l'empereur Charles V (B. 428) — Une femme montée sur le dos de son mari (B. 266) — Quatre pièces des principaux royaumes de l'Europe (B. 274). — Les tempéraments (B. 178-181) 4 p. copies ; ensemble 10 petites pièces.

Star (Dirk Van)

(Le Maître à l'Etoile)

164. — Jésus Christ appelant à lui Saint Pierre et Saint André 1523. (B. 3).
Très belle épreuve.

Zündt (Mathias)

165. — L'arrestation du patricien de Nuremberg, docteur Jérôme Baumgaertner (Pass. 25) eau-forte in-folio en largeur.
Belle épreuve avec marges.

Divers

166. — Modèles de paysages au fusain, héliogravures, photographies, reproductions diverses, aquarelle représentant une tête d'orientale, etc., environ 80 pièces.

167. — Les portefeuilles de la collection.

MPRIMERIE DE LA GAZETTE DES BEAUX-ARTS, 8, RUE FAVART PARIS

www.ingramcontent.com/pod-product-compliance
Ingram Content Group UK Ltd.
Pitfield, Milton Keynes, MK11 3LW, UK
UKHW020231180726
13838UKWH00005B/2331

9 782329 548043